ITALIEN

Das Land, wo die Zitronen blühen

ITALIEN

Das Land, wo die Zitronen blühen

Illustrationen
Mayya Sultan

Text
Annette Maas

arsEdition

MAILAND
VERONA
VENEDIG
PADUA
TURIN
BOLOGNA
GENUA
TELLARO
PISA
FLORENZ
ROM
NEAPEL
MATERA
PALERMO

INHALT

ITALIEN – DAS LAND, WO DIE ZITRONEN BLÜHEN

»Kennst du das Land, wo die Zitronen blühn / Im dunklen Laub die Goldorangen glühn / Ein sanfter Wind vom blauen Himmel weht / Die Myrte still und hoch der Lorbeer steht? / Kennst du es wohl?«

Die Zitronenhaine an der Amalfiküste haben Johann Wolfgang von Goethe Ende des 18. Jahrhunderts zu diesen Zeilen inspiriert – allerdings stammen die meisten italienischen Zitronen aus Sizilien. Dort wurden sie auch als Allererstes angebaut, schon ab dem 10. Jahrhundert. Zunächst war die Zitrone eine Zierpflanze, dann entdeckte man, dass sie gegen Skorbut hilft – eine Vitamin-C-Mangelerkrankung, die unter Seeleuten sehr verbreitet war. Als Heilpflanze konnte man die Frucht teuer verkaufen. Sie machte die Seerepublik Amalfi reich – und auch die sizilianische Mafia.

Andere Landstriche haben ihren Reichtum den Oliven zu verdanken: Apulien zum Beispiel, das an heißen Sommertagen im silbernen Licht der Olivenblätter schwirrt. Die Poebene in der Emilia-Romagna, die die meisten Urlauber nur von der Autobahn aus kennen, ist Europas größtes Reisanbaugebiet! Italien steckt voller Überraschungen jenseits der ausgetretenen Pfade: Es gibt winzige Idealstädte aus der Renaissance, wie Sabbioneta, abgelegene Skipisten in Champoluc, den größten europäischen Supervulkan bei Neapel und eine Küste, die ca. 7500 Kilometer lang ist.

Das Land, das aussieht wie ein schicker Damenstiefel, ist ein Land der Mode, des guten Designs, der stark regional und saisonal ausgeprägten Küche, ein Land voller Kulturschätze am Wegesrand. Ein Land, in dem es sich lohnt, aller Klischees zum Trotz, eigenständig Neues zu entdecken – zu Fuß, auf dem Fahrrad, im Auto oder mit dem Frecciarossa, dem italienischen Schnellzug.

ERDBEBEN UND FEUER SPEIENDE VULKANE

Geologisch betrachtet ist Italien ein sehr spannendes Land: Im Süden des Stiefels gibt es aktive Vulkane, außerdem ereignen sich immer wieder Erdbeben im Land. Das hängt mit den tektonischen Platten zusammen, die genau dort aufeinandertreffen. Die Adriatische Platte stößt auf die Europäische und drückt nach Nordwesten gegen die Alpen. Die Nahtstelle der Platten zieht sich durch den Apennin, den Gebirgszug, der sich beinahe über den gesamten Stiefel erstreckt. Die Platten verhaken sich immer wieder ineinander. Die Spannungen lösen sich ruckartig, wenn Gestein tief unter der Erdoberfläche birst, und die Erde beginnt zu beben. Der Mittelmeerraum gehört, was die Plattenbewegungen anbelangt, zu den kompliziertesten Gebieten auf der Erde.

Nahe bei Neapel liegt der einzige europäische Supervulkan. Es handelt sich nicht um einen weithin sichtbaren Vulkankegel, der sich wie der Vesuv hoch über Neapel erhebt, sondern um einen 150 Quadratkilometer großen Vulkankessel, der sich bis an die Stadtgrenzen Neapels zieht: die Phlegräischen Felder.

Als der Vulkan vor 40 000 Jahren ausbrach, hat er ganz Europa mit Asche überzogen. Seit 2018 rumort es dort wieder und es tritt vermehrt Gas aus dem Boden der Felder aus. Deshalb wurde für diesen Vulkan die Alarmstufe Gelb ausgerufen.

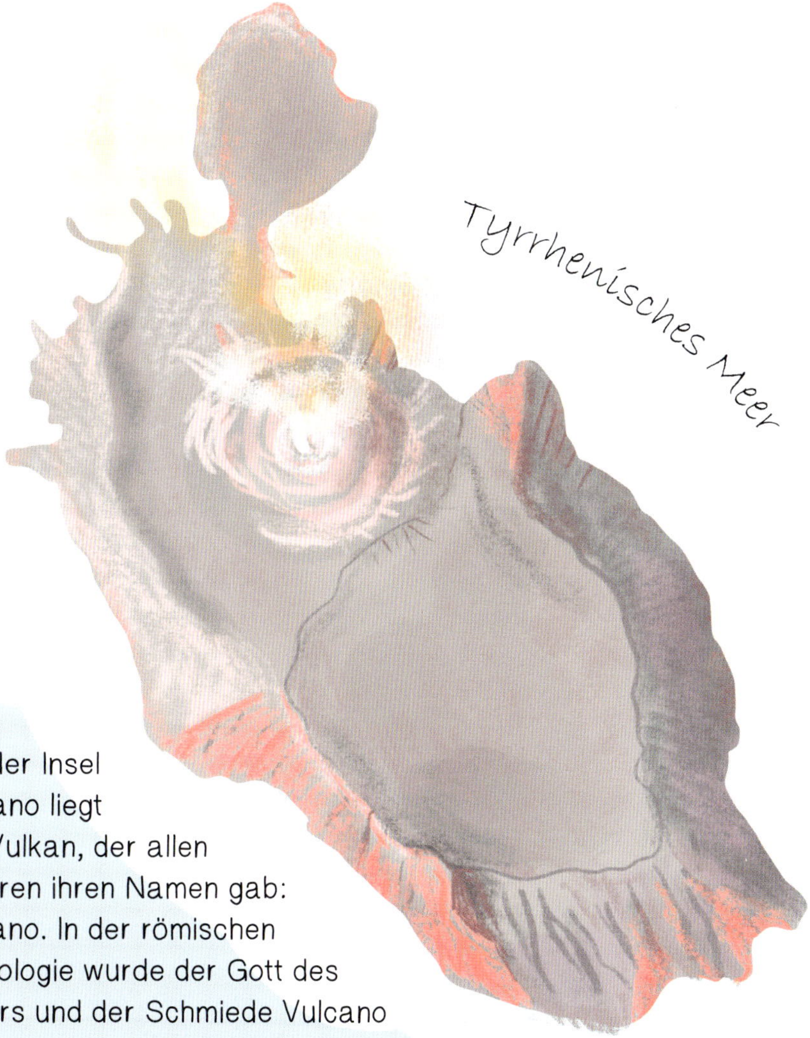

Alle aktiven Vulkane auf einen Blick:

Ätna, Phlegräische Felder, Stromboli, Vesuv und Vulcano

Auf der Insel Vulcano liegt der Vulkan, der allen anderen ihren Namen gab: Vulcano. In der römischen Mythologie wurde der Gott des Feuers und der Schmiede Vulcano genannt. Die Römer beobachteten den Feuerschein auf der Insel, und so kam sie zu ihrem Namen.

VIER MEERE UMGEBEN DEN STIEFEL

Das **Ligurische Meer** beginnt an der französischen Grenze und endet in etwa auf der Linie zur Nordspitze Korsikas.

Alle vier genannten Meere sind jeweils Teilbereiche des Mittelmeers.

Das **Tyrrhenische Meer** zieht sich von Elba über Sardinien bis nach Sizilien die Westküste des Landes entlang. Der Name leitet sich von dem altgriechischen Wort für Etrusker ab, Tyrrhenoi. Die Etrusker besiedelten den Raum rund um dieses Meer in der Antike.

Die längste Küstenstrecke Italiens liegt an der Adria: Der gesamte östliche Teil von Triest bis Otranto zählt dazu. Im **Adriatischen Meer** gibt es 440 verschiedene Fischarten, 132 davon stehen auf der Roten Liste, das heißt, sie sind vom Aussterben bedroht. Dazu zählt z.B. auch das Langschnäuzige oder Europäische Seepferdchen, das Seegraswiesen in flachen küstennahen Lagunen liebt. Dort ankern aber private Boote auch gerne und zerstören mit den Ankern die Seegraswiesen, sodass das Pferdchen immer weniger davon findet.

Das **Ionische Meer** beginnt an der Straße von Otranto und zieht sich über die gesamte Sohle des Stiefels bis Sizilien hinüber. In diesem Meer liegt mit 5267 Metern die tiefste Stelle des Mittelmeers, allerdings schon auf griechischem Gebiet.

DER STRAND

Auch wenn die Angaben darüber, wie lang die zum Baden geeignete Küste Italiens genau ist, variieren – es sind sicher deutlich über 4000 Kilometer!

An den Strand geht man nicht allein. Man hat Familie und Freunde dabei und natürlich viel zu essen. Das hindert die italienische Bevölkerung aber nicht daran, über die Mittagszeit, wenn die Hitze am größten ist, die zahlreichen Strandlokale aufzusuchen und dort mehrere Gänge zu verspeisen. Zu den Lokalen gehört ein genau abgesteckter Teil des Strandes, an dem Liegen, Stühle und Sonnenschirme vermietet werden. Schätzungen zufolge nehmen die Strandbäder 2 Milliarden Euro pro Jahr ein, sie sind also ein großer Wirtschaftsfaktor.

An den öffentlichen Stränden gibt es keine Bademeister oder -meisterinnen: Dort werden seit Neuestem Baywatch-Hunde eingesetzt, die ein Geschirr tragen, an dem sich Ertrinkende festhalten können.

Von Nord nach Süd hört man an den Stränden die Kokosnussverkäufer »Cocco bello, cocco fresco« rufen. Sie sind nicht die Einzigen, die ihre Waren am Strand anpreisen: Sonnenbrillen und Handtaschen, meist gefälschte Markenartikel, Handtücher, Bluetooth-Boxen, Haargummis oder Strandkleider – es gibt kaum etwas, was man am Strand nicht von fliegenden Händlern und Händlerinnen bekommt. All das hinterlässt viel Müll, wobei das größte Problem weggeworfene Zigarettenkippen sind. Würden die Betreiber und Betreiberinnen nicht täglich den Strand sieben, würden sie tonnenweise Gift abgeben, Nikotin ist nur eines davon.

DIE SEEN – DAS ANDERE NASS

Überall stößt man auf Wasser: Italien ist nicht nur von vier großen Meeren umgeben, es gibt auch viele Seen im Landesinneren. Der Pragser Wildsee liegt ganz im Norden, in den Pragser Dolomiten. Einer Sage nach befindet sich am Südende des Sees, dort wo der Seekofel 2810 Meter aufragt, der Eingang in die Unterwelt. Auch Europas größter Vulkansee liegt im Land, knapp 90 Kilometer nördlich von Rom: Es ist der Lago di Bolsena.

Der bekannteste oberitalienische See ist der Gardasee. Am Beginn seiner Italienreise hatte Goethe dort ein besonderes Erlebnis. Am 13. September 1786 schrieb er in sein Tagebuch: »Heute früh um drei Uhr fuhr ich von Torbole weg mit zwei Ruderern. Anfangs war der Wind günstig, dass sie die Segel brauchen konnten. Der Morgen war herrlich, zwar wolkig, doch bei der Dämmerung still. Wir fuhren bei Limone vorbei, dessen Berggärten, terrassenweise angelegt und mit Zitronenbäumen bepflanzt, ein reiches und reinliches Ansehen geben.
Der ganze Garten besteht aus Reihen von weißen viereckigen Pfeilern, die in einer gewissen Entfernung voneinander stehen und stufenweis den Berg hinaufrücken. Über diese Pfeiler sind starke Stangen gelegt, um im Winter die dazwischen gepflanzten Bäume zu decken.
Das Betrachten und Beschauen dieser angenehmen Gegenstände ward durch eine langsame Fahrt begünstigt, und so waren wir schon an Malcesine vorbei, als der Wind sich völlig umkehrte, seinen gewöhnlichen Tagweg nahm und nach Norden zog. Das Rudern half wenig gegen die übermächtige Gewalt, und so mussten wir im Hafen von Malcesine landen.«
Der Ort hat eine Burgruine, die Goethe als Erinnerung an den unfreiwilligen Aufenthalt zeichnen wollte. Die Ortsansässigen hielten ihn für einen Spion, der im Auftrag des österreichischen Kaisers Josef II. die Gegend auskundschaften und deshalb genaue Zeichnungen anfertigen sollte. Goethe musste sich vor dem Bürgermeister verteidigen, konnte das Missverständnis aber aufklären. Heute steht eine Goethebüste am Fuß der Burgruine.

Die fünf größten Seen, die vollständig in Italien liegen:

1. Lago di Garda
2. Lago Maggiore
3. Lago Trasimeno
4. Lago di Bolsena
5. Lago d'Iseo

ZWEI BERGKETTEN

Zwei große Bergketten ziehen sich durch Italien: Ganz im Norden des Landes von Westen nach Osten verlaufen die Alpen. Die zweite Kette, der Apennin, beginnt am Südrand der Poebene und endet nach einer Strecke von 1500 Kilometern ganz unten in der Stiefelspitze, in Kalabrien.
Im Apennin liegt auch die berühmte Hochebene von Castellucio, mitten in den Sibillinischen Bergen, auf einer Höhe von 1300 Metern. Von Mai bis Juni gleicht sie einem riesigen Farbenmeer. Die berühmten Linsen von Castellucio blühen in zarten Blautönen, dazwischen Kornblumen und Mohn. Die Hochebene scheint

in allen Farbtönen zu strahlen – vielleicht wurden die wilden Berge außenherum deshalb nach einer von den zehn sagenumwobenen Sibyllen benannt. Die Sibyllen waren Prophetinnen, die angeleitet von den Göttern die Zukunft voraussagen konnten. Allerdings waren ihre Orakel immer doppeldeutig oder als Rätsel formuliert. Eine der Sibyllen versteckte sich in der Grotta delle Fate, am Monte Sibilla. Das Gelände rund um die Grotte ist so steil und abfallend, dass der Zugang bis heute sehr beschwerlich ist. Lange glaubten die Menschen rund um diese wilde Bergregion, dass sie von Fabelwesen wie Hexen, Dämonen und Feen bewohnt sei.

TELLARO, DAS DORF, DAS VON EINEM TINTENFISCH GERETTET WURDE

Tellaro ist ein kleines Dorf, das am Golf von La Spezia liegt oder am Golfo dei Poeti, so wird die tiefe Bucht im Ligurischen Meer nämlich auch genannt. Der Name »Golf der Dichter« rührt von den zahlreichen Autorinnen und Autoren her, die dort verweilten und auch schrieben: Unter anderem waren das Dante und Petrarca, Percy Bysshe Shelley, der dort ertrank, sowie Mary Shelley, die »Frankenstein«-Autorin, Charles Dickens, Virginia Woolf und einige mehr. Tellaro wurde auf einem steilen felsigen Abhang zum Meer hin errichtet. An seinem äußersten Rand, direkt am Meer, steht eine Kirche aus dem 16. Jahrhundert, San Giorgio. Drohte in alten Zeiten Gefahr für das Dorf, sollte die Glocke dieser Kirche geläutet werden.
In einer besonders stürmischen und nebligen Nacht hielt Marco Arzellino in der Kirche Wache. Er war sich ganz sicher, dass bei so schlechtem Wetter niemand Tellaro angreifen würde, und schlief ein. Genau um Mitternacht legten aber Piraten am Strand an. In diesem Moment begann die Glocke wie verrückt zu läuten und die Bewohner und Bewohnerinnen Tellaros sprangen aus ihren Betten.

Es gelang ihnen tatsächlich, die Piraten aufs offene Meer zurückzudrängen. Dann entdeckten sie einen Riesentintenfisch, der mit seinen langen Armen die Glockenseile umschlungen und die Bewohner vor der Gefahr gewarnt hatte. Dieses Ereignis wird in Tellaro jedes Jahr am zweiten Sonntag im August mit der »Sagra del Polpo« gefeiert, einem Krakenfest. Im Gedenken an den Retter Tellaros kann man auf diesem Fest Tintenfische in unterschiedlichen Varianten verspeisen.

DIE INSELN

Es gibt über 200 italienische Inseln, einige davon sind Binneninseln und liegen in den großen Seen oder Flüssen. Bekannte Inseln sind vor allem Sizilien, Sardinien, Elba und Venedig – wobei Venedig, betrachtet man es ganz genau, schon für sich genommen aus einer Inselgruppe besteht.

Einen berühmten Namen hat die Insel **Montecristo**. Im Roman »Der Graf von Monte Christo« findet Edmond Dantes auf der Insel einen Schatz, der ihn sagenhaft reich macht. Heute dürfen pro Jahr maximal 2000 Besucher auf die Insel, denn die viertgrößte Insel Italiens steht vollständig unter Naturschutz, Baden oder Übernachten sind strengstens verboten.

Tavolara liegt im Golf von Olbia: Sechs Kilometer ist die Insel lang und nur etwa einen Kilometer breit. Die Insel gilt als eines der kleinsten Königreiche der Welt. 1836 besuchte der König von Sardinien die Insel, die in Sichtweite vor seiner Küste lag. Ein Inselbewohner stellte sich ihm als »König von Tavolara« vor. Dieser Scherz kam so gut an, dass der Monarch Karl Albert dem Witzbold die Insel kurzerhand schenkte. Die Familie Bertoleoni führt seitdem ein königliches Wappen. Das winzige Königreich wird international nicht als eigenes Land anerkannt und gehört offiziell zu Italien.

DIE EWIGE STADT

Wahrscheinlich wurde Rom, die italienische Hauptstadt, im Jahr 753 v. Chr. durch das Zusammenlegen verstreuter Siedlungen gegründet. Der Mythos, der sich um die Gründung Roms rankt, erzählt die Geschichte der ausgesetzten Zwillinge Romulus und Remus, die von einer Wölfin gesäugt wurden und später Rom gründeten. Die berühmte Kapitolinische Wölfin ist heute im gleichnamigen Museum zu sehen, sie ziert aber auch Milchlaster oder findet sich im Emblem eines römischen Fußballclubs.

Rom ohne den 1626 eingeweihten Petersdom – das ist nicht vorstellbar. Den schönsten Blick auf den berühmten Dom hat man, wenn man auf den Aventin steigt. An der Piazza dei Cavalieri di Malta gibt es keine Brüstung, über die man sich beugen kann, um den Anblick zu genießen. Man muss durch ein kleines Schlüsselloch an der Villa des Malteserordens sehen. Dann sieht man die Kuppel ganz besonders eingerahmt. Wie? Wird nicht verraten!

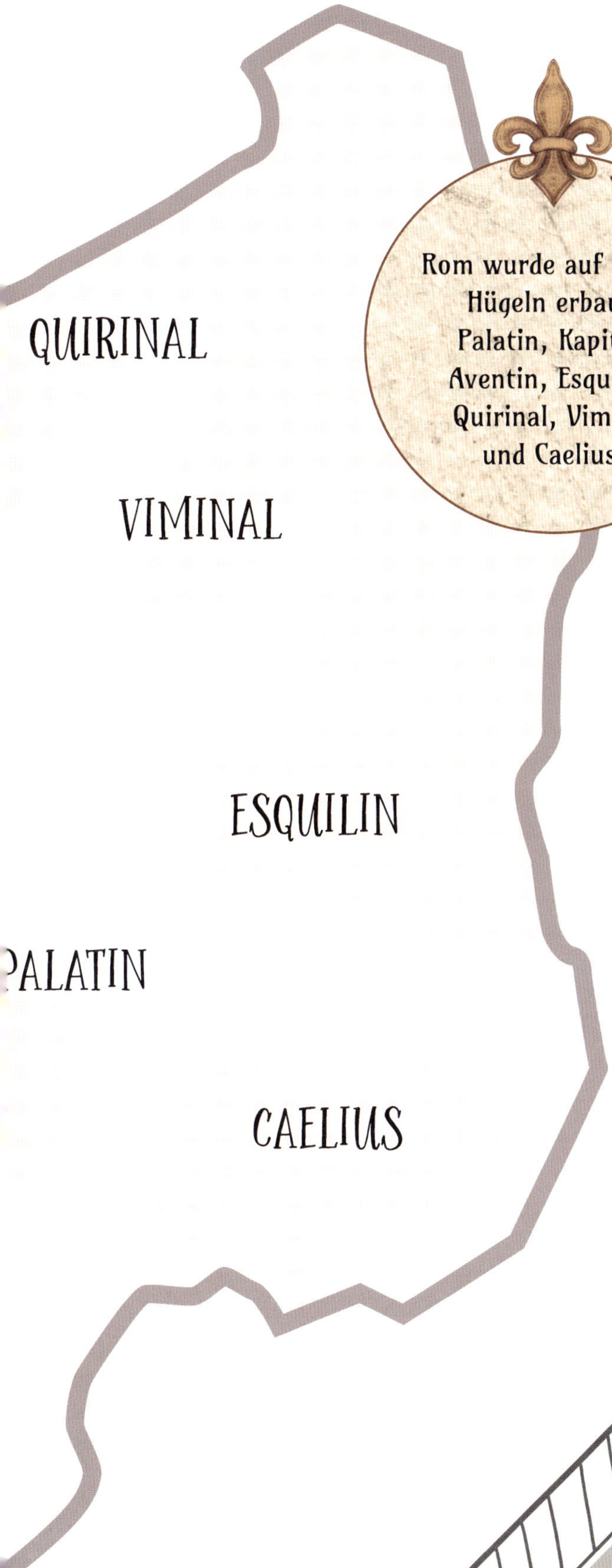

Rom wurde auf sieben Hügeln erbaut: Palatin, Kapitol, Aventin, Esquilin, Quirinal, Viminal und Caelius.

Direkt an einer viel befahrenen Kreuzung an der Porta San Paolo steht ein Gebäude, das man in Rom nicht erwarten würde: eine 36,40 Meter hohe Pyramide. Sie wurde von 18 bis 12 v. Chr. als Grabmal für Caius Cestius erbaut, einen damaligen Politiker, der sich um die Einhaltung des römischen Rechts kümmerte. Schon Goethe fand sie spannend und zeichnete sie auf seiner Italienreise. Pyramiden waren, nachdem Augustus Ägypten im Jahr 30 v. Chr. erobert hatte, als Grabmale sehr in Mode.

In der Neuzeit hat die Stadt, die »ewig« oder zumindest schon über 2700 Jahre besteht, auch einiges Besondere zu bieten: Dazu zählen die Arbeiten von David Vecchiato, der sich Diavù nennt, wenn er Streetart macht. Eines seiner Projekte heißt Pop Stairs: Dafür bemalt er die Vorderfronten großer Freitreppen mit den Porträts von Schauspielerinnen.

WEITERE ITALIENISCHE STÄDTE

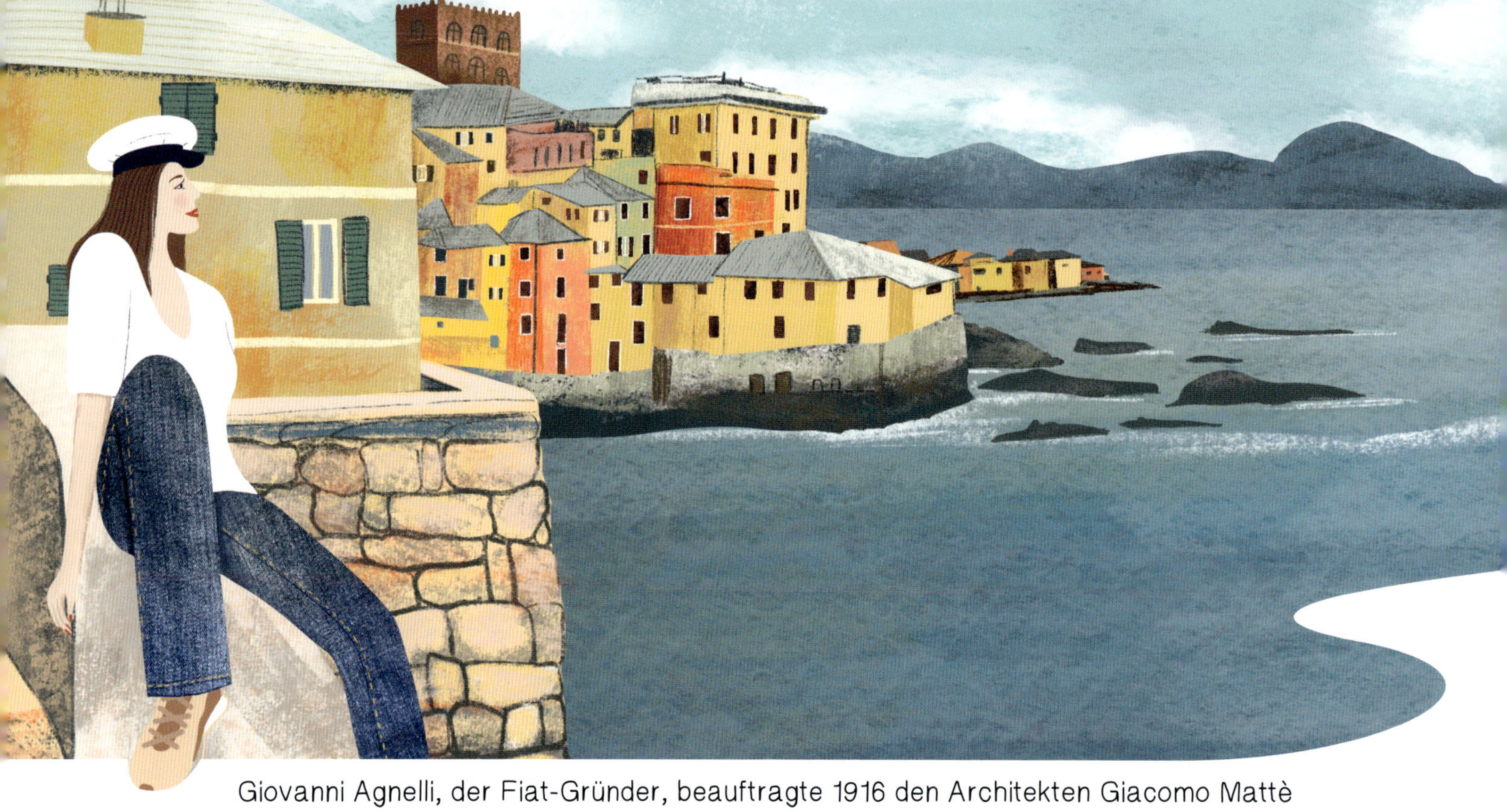

Giovanni Agnelli, der Fiat-Gründer, beauftragte 1916 den Architekten Giacomo Mattè Trucco, die innovativste Automobilfabrik Europas in **Turin** zu planen. Das Gebäude erstreckt sich über 500 Meter, in jedem seiner fünf Stockwerke fand ein anderer Produktionsschritt statt. Waren die Fahrzeuge der »Fabbrica Italiana Automobili Torino«, abgekürzt Fiat, fertiggestellt, wurden sie mit einem Lastenaufzug auf das Dach gehoben. Dort befand sich eine ein Kilometer lange Teststrecke, inklusive Steilkurve. Heute ist das Gebäude ein Kultur- und Messezentrum.

»Blue de Gênes« kennt jeder: Das »Blau aus Genua« ist der Vorläufer des Jeansstoffs. Schon im 16. Jahrhundert wurde von den Hafenarbeitern in **Genua** ein robuster Stoff aus arabischer Baumwolle getragen, der mit Indigo blau eingefärbt wurde. Aus »Gênes«, der französischen Bezeichnung für Genua, entwickelte sich im Laufe der Jahre das Wort Jeans.

La Mole Antoniellana, so heißt ein riesiger Pavillon in Turin, der das italienische 2-Cent-Stück ziert.

Mailand ist die Stadt der Mode, des Designs – und eines vertikalen Walds, der an zwei Hochhäusern wächst. Stefano Boeri, der die beiden Wohntürme plante, band Botaniker und Botanikerinnen in das Projekt mit ein. Passende Pflanzen mussten gefunden werden, die mit der Sonneneinstrahlung und dem Wind an den Türmen zurechtkommen. 900 Bäume, 5000 Büsche und weitere 11000 Pflanzen begrünen die Häuser: 40000 Quadratmeter Grünfläche wurden so geschaffen, die zur Verbesserung des Klimas in der Stadt beitragen.

NEAPEL

Bereits 750 v. Chr. gründeten Griechen die Stadt Parthenope, aus der sich das heutige Neapel entwickelte. Und Neapel ist die Stadt, in der ein Gericht erfunden wurde, das heute immer noch den allermeisten Menschen schmeckt. Pizza-ähnliche belegte Teigfladen sollen schon um 800 v. Chr. von den Etruskern auf heißen Steinen zubereitet worden sein. Um 1520 kamen dann die Tomaten mit Christoph Kolumbus nach Europa. Weil sie so knallrot waren, galten sie als giftig und wurden nur als Zierpflanze angebaut. Die Bauern rund um Neapel probierten die Frucht aber auf ihren Teigfladen aus – und die Pizza war erfunden. Bis 1889 galt die Pizza allerdings als Armeleuteessen. In diesem Jahr kam König Umberto I. mit seiner Frau Margherita in die Stadt. Der Pizzabäcker Raffaele Esposito wurde beauftragt, dem Königspaar eine Pizza zuzubereiten. Er wählte die Farben Italiens – Grün, Weiß, Rot –, also Basilikum, Mozzarella und Tomaten. Das war die Geburtsstunde der Pizza Margherita.

Berühmt ist Neapel auch für die Krippen, die dort gebaut werden. In den neapolitanischen Krippen spielt die Heilige Familie keine so große Rolle, dafür wird das quirlige neapolitanische Leben abgebildet. Die Gesichter von Persönlichkeiten aus dem öffentlichen Leben, egal ob Politikerin, Sportler oder Schauspielerin, tauchen immer wieder in den Szenen auf. Viele Italiener und Italienerinnen lassen sich auch Krippen nach Familienfotos gestalten.

Das erste Kochbuch über Speiseeis wurde – natürlich – in Neapel geschrieben und verlegt. Es hieß: »De´sorbetti«, also »Von Sorbets«. Sorbet ist ein Eis, das aus Wasser, Zucker, Frucht und Eischnee besteht.

MATERA UND DIE SASSI

Seit der Jungsteinzeit leben Menschen in den Tuffsteinhöhlen der Stadt Matera oberhalb einer steilen Schlucht, die der Fluss Gravina in den Stein gegraben hat. Vor die Höhlen wurden später Fassaden mit Fenstern und Türen gestellt, sodass die Stadt, betrachtet man sie aus der Ferne, aussieht wie eine »normale« Siedlung. Betritt man die Wohnungen durch die Tür, gelangt man aber direkt in eine Wohnhöhle. Der italienische Schriftsteller Carlo Levi schreibt über Matera: »Niemand lässt Materas Anblick kalt – so überwältigend ist seine herzzerreißende Schönheit.« In seinem Roman »Christus kam nur bis Eboli« schildert er die Zustände in diesen Wohnhöhlen und erzählt, wie Menschen und Tiere dort ohne Strom und fließendes Wasser miteinander hausen. Dadurch wurden Behörden auf den »Schandfleck« aufmerksam und verfassten ein Sondergesetz zur Räumung der Sassi, das im Mai 1952 in Kraft trat. Sieben Jahre später, 1959, wurde eine Initiative zur Rettung der Höhlen gegründet. »Sie sind«, so der damalige Bürgermeister Raffaelo De Ruggieri, »ein Gemeinschaftswerk, geschaffen von Baumeistern über Tausende von Jahren mit dem Wissen und dem Können der einfachen Leute«.

Genau diese Menschen sanierten dann die Sassi und machten daraus Hotels, Restaurants und Kulturzentren. Heute zählen die Höhlenwohnungen zum UNESCO-Weltkulturerbe und Matera erlangte 2019 viel Aufmerksamkeit als europäische Kulturhauptstadt.

Teile des »James Bond«-Films »Keine Zeit zu sterben« wurden in Matera gedreht.

VENEDIG

Venedig war lange eine der wichtigsten Handelsmetropolen im Mittelmeerraum und ab dem 11. Jahrhundert auch die mächtigste Seestreitmacht in dieser Region. Im 15. Jahrhundert beherrschten Venedigs Dogen, also die Staatsoberhäupter der Republik Venedig, den Welthandel und viele wertvolle Waren wurden im Hafen umgeschlagen.

1819 passierte dabei ein Unglück: Ein Elefant sollte einen Frachter besteigen. Als er die Brücke betrat, federte sie so stark unter ihm, dass der Elefant zurückschreckte. Er versuchte es weitere Male, wurde dann aber unter den Schlägen der Schiffscrew immer panischer. Endlich entkam er und floh durch die engen Gassen Venedigs, bis er in einer Sackgasse feststeckte. Weil er nicht weiterkonnte, brach er das Portal zur Kirche Sant´Antonin auf. Seine Verfolger wussten sich nicht mehr anders zu helfen, als den verletzten und wütenden Elefanten zu erschießen: mit einer Kanonenkugel mitten in der Kirche. Da von diesem dramatischen Ereignis viele Zeitungen berichteten, wurde die kleine, kunsthistorisch nicht besonders interessante venezianische Kirche international bekannt.

Venedig ist keine Stadt wie jede andere. Ihre besondere Ausstrahlung, die Insellage, die Gondeln und die Palazzi zogen schon immer viele Kunstschaffende an. Der bekannte Autor Ernest Hemingway sagte: »Wie kann ein Mensch in New York leben, wenn es Venedig gibt?« Mark Twain, der Tom Sawyer und Huckleberry Finn erfand, brauchte ein bisschen, bis er sich in Venedig verliebte: Zunächst bezeichnete er die Gondeln als »Kanu mit Leichenwagenaufbau«, doch als er damit den Canal Grande erreichte, war es auch um ihn geschehen.

Mit über 430 Brücken liegt Venedig übrigens nur auf Platz 5 der brückenreichsten Städte in Europa. Hamburg ist mit 2500 Brücken Spitzenreiterin.

Friedrich II. lebte von 1194 bis 1250 und war ein Kaiser aus dem Geschlecht der Staufer. Auf deutschem Boden hat er nur acht Jahre verbracht, die längste Zeit seines Lebens hielt er sich im heutigen Italien auf. Friedrich II. war für die damalige Zeit ein ganz besonderer Kaiser. Ihm war der Austausch mit anderen Kulturen sehr wichtig: Er war z. B. befreundet mit einem islamischen Herrscher, dem Sultan al-Kamil. Die Falkenjagd war seine große Leidenschaft. Darüber schrieb er sogar ein naturwissenschaftliches Buch, das über 900 Abbildungen der Vögel enthielt. Castel del Monte erbaute er sich wahrscheinlich als Jagdschloss. Wobei bis heute nicht ganz geklärt ist, welchem Zweck das Castel wirklich diente. Dieses außergewöhnliche, achteckige Bauwerk wurde oberhalb der apulischen Küste so platziert, dass man von dort viele Kilometer der Küste überblicken kann und bis zum Sporn des Stiefels, dem Gargano, sieht. Warum das Gebäude und alle acht Außentürme Achtecke sind, gibt bis heute Rätsel auf. Vielleicht wollte Friedrich II. ein Bauwerk schaffen, das wie eine Krone aussieht? Vielleicht hatte er bei der Planung aber auch ein arabisches Muster im Kopf?

Das Weltkulturerbe Castel del Monte ist seit 2001 auf der Rückseite der italienischen 1-Cent-Münze zu sehen.

FRIEDRICH II. UND CASTEL DEL MONTE

EINE GROSSE ASTROPHYSIKERIN

Margherita Hack (1922–2013) – dieser Name hört sich gar nicht italienisch an, doch die Astrophysikerin ist eine waschechte Florentinerin. Ihr Großvater war Schweizer und wanderte nach Florenz aus. Als Astrophysikerin hat sich Margherita Hack während ihrer gesamten beruflichen Laufbahn mit Sternen befasst. Ihr Spezialgebiet war die Sternspektroskopie. Bei dieser wissenschaftlichen Methode wird das Licht untersucht, das die Sterne aussenden. Man kann daraus viel ablesen, z. B. wie alt ein Stern ist oder welche Temperatur auf seiner Oberfläche herrscht. Margherita Hack ist bei ihren Forschungen zu der Überzeugung gelangt, dass es vermutlich auf anderen Planeten, sehr weit von uns entfernt, auch Leben gibt. Wahrscheinlich handelt es sich dabei aber um einfachere Lebewesen wie Bakterien. Neben ihrer wissenschaftlichen Karriere war Margherita Hack auch politisch aktiv und für ein paar Jahre Gemeinderätin in Triest. Sie war unangepasst: »Wir Atheisten glauben daran, dass man richtig und ehrenhaft handeln muss, aufgrund einer moralischen Verpflichtung, nicht um einen Preis im Paradies zu gewinnen.« Das war z. B. einer ihrer berühmten Sätze, mit dem sie klarstellte, dass sie mit Religion nicht besonders viel anfangen konnte.

Nach der Professoressa ist der Asteroid 8558 benannt: Er heißt Hack. Asteroiden sind kleine Planeten, die sich wie die Erde auf einer Umlaufbahn um die Sonne befinden.

BESONDERE FRAUEN

Artemisia Gentileschi wurde am 8. Juli 1593 in Rom geboren und war zu ihren Lebzeiten eine berühmte Malerin. So berühmt, dass sie 1635 eine Einladung nach London erhielt, um am Hofe König Karls I. zu arbeiten. Besonders ihre starken Frauengestalten beeindrucken bis heute. Sie schreckte nicht davor zurück, Grausamkeiten ganz realistisch abzubilden. Eines ihrer blutrünstigsten Bilder ist eine Darstellung aus dem Alten Testament: die Enthauptung von Holofernes durch Judith.

1858 wurde **Eleonora Duse** geboren. Sie galt zu Lebzeiten als die allergrößte Schauspielerin. Sie war kein Supermodel, eher unscheinbar, auf der Bühne konnte sie sich aber derart verwandeln, dass sie ihr Publikum vollkommen in den Bann zog. Obwohl sie auf der Bühne Italienisch sprach, verstanden sie die Zuschauer auf der ganzen Welt, weil sie so ausdrucksstark spielte.

Maria Montessori wurde am 31. August 1870 in der Nähe von Ancona geboren. Sie wollte unbedingt Medizin studieren. Weil das damals für Frauen nicht üblich war, wurde sie an der Universität abgelehnt und studierte stattdessen Ingenieurwesen und Mathematik. Danach begann sie aber als erste italienische Frau mit dem Medizinstudium. Schon bald arbeitete sie mit Kindern, die einen besonderen Förderbedarf hatten. Sie entwickelte Arbeitsmaterialien für sie und erzielte mit ihrem pädagogischen Konzept so große Erfolge, dass sie Interesse auf der ganzen Welt erregte. Bis heute wird nach ihren Ideen unterrichtet.

Bebe Vio begann mit fünf Jahren zu fechten. Mit elf Jahren mussten ihr beide Unterschenkel und beide Arme amputiert werden. Ihren Traum, bei Olympischen Spielen zu fechten, gab sie aber nie auf. Mittlerweile hat sie bei Paralympischen Spielen zwei Goldmedaillen im Einzel-Florett erkämpft und im Team eine Silber- und eine Bronzemedaille. Bebe Vio hat eine Sportschule gegründet, in der alle Kinder, mit oder ohne Beeinträchtigungen, Sport treiben können.

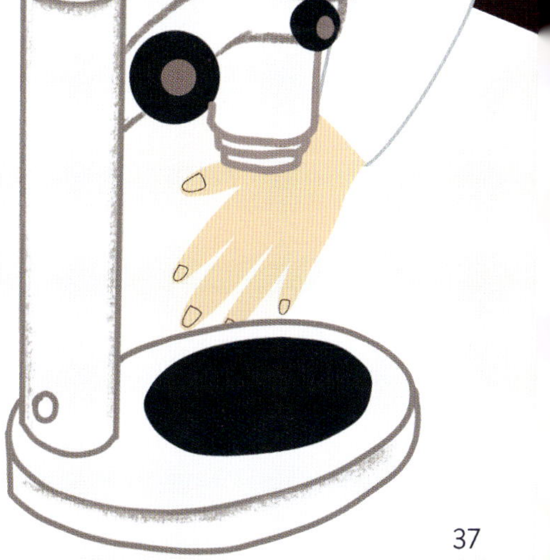

Rita Levi-Montalcini wurde am 22. April 1909 geboren und war die erste Nobelpreisträgerin, die älter als 100 Jahre wurde; sie starb im Alter von 103 Jahren. Sie entdeckte NGF, was für »nerve growth factor« steht, einen Signalstoff, der Nervenzellen wachsen lässt. Weil sie unter Mussolini als Jüdin von den Rassengesetzen daran gehindert wurde zu forschen, richtete sie sich mit einfachen Hilfsmitteln ein Labor zu Hause ein. Die Neurowissenschaftlerin setzte sich zu einer Zeit durch, als es kaum Frauen in der Forschung gab, und das unter extrem erschwerten Bedingungen.

RENAISSANCE

Italien gilt als die Wiege der Renaissance, was so viel wie »Wiedergeburt« bedeutet. Wiedergeboren wurde in dieser Epoche, die von ca. 1400 bis 1600 dauerte, die Antike. Die Künstler besannen sich auf das zurück, was in der Antike gelehrt wurde: Insbesondere harmonische Maße und Proportionen gewannen an Bedeutung.

Leonardo da Vinci ist das Universalgenie der damaligen Zeit. Er schuf so berühmte Werke wie die »Mona Lisa«, die »Dame mit dem Hermelin« und den »vitruvianischen Menschen«. Diese Zeichnung, die auf der ganzen Welt als Inbegriff von Schönheit und Symmetrie betrachtet wird, gehört zu den am häufigsten reproduzierten Kunstwerken. In dieser Arbeit setzte sich Leonardo mit den Gedanken des Architekten Vitruv auseinander, der im 1. Jahrhundert v. Chr. einen Text über den wohlgeformten Körper formulierte.

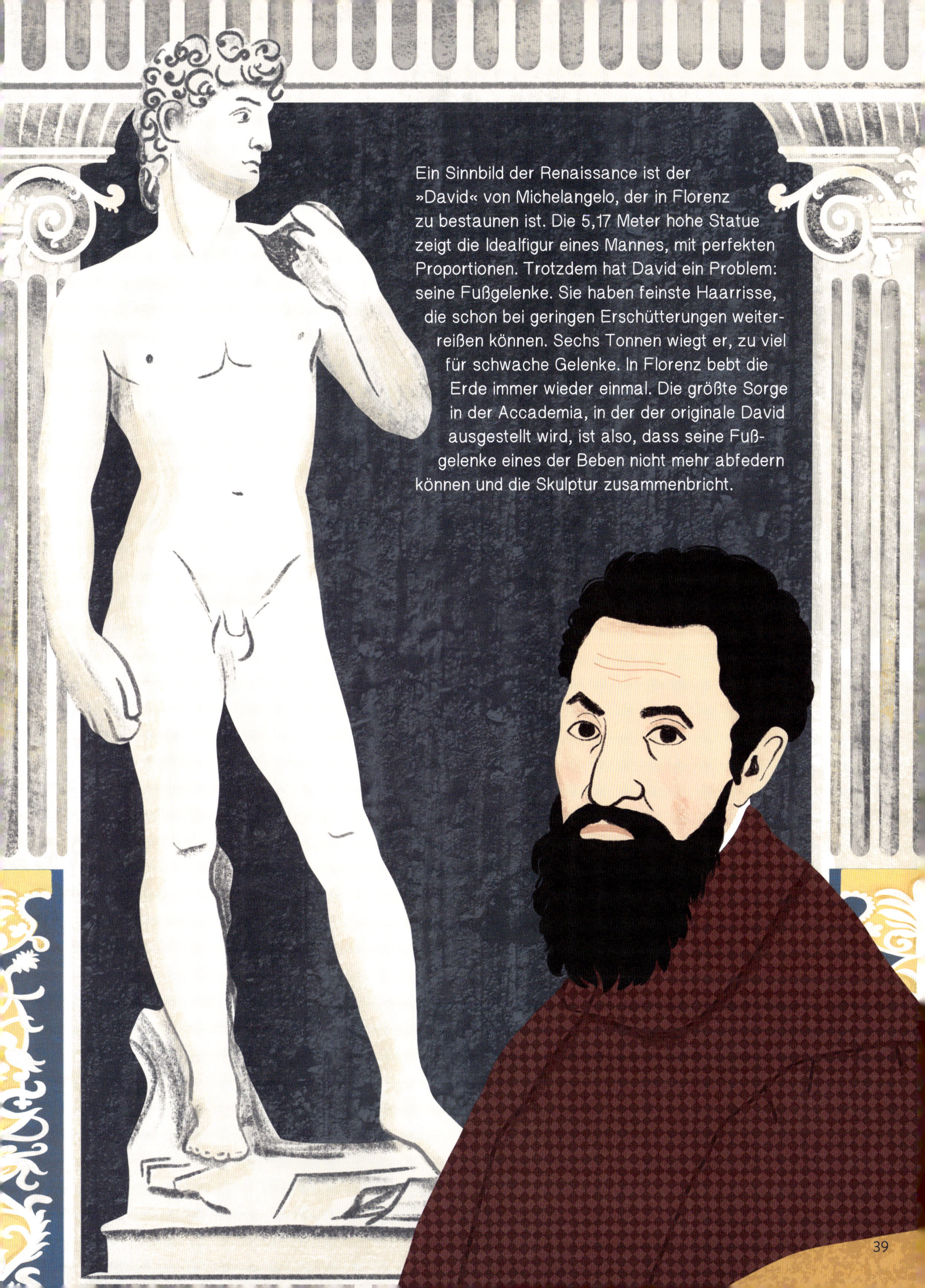

Ein Sinnbild der Renaissance ist der »David« von Michelangelo, der in Florenz zu bestaunen ist. Die 5,17 Meter hohe Statue zeigt die Idealfigur eines Mannes, mit perfekten Proportionen. Trotzdem hat David ein Problem: seine Fußgelenke. Sie haben feinste Haarrisse, die schon bei geringen Erschütterungen weiterreißen können. Sechs Tonnen wiegt er, zu viel für schwache Gelenke. In Florenz bebt die Erde immer wieder einmal. Die größte Sorge in der Accademia, in der der originale David ausgestellt wird, ist also, dass seine Fußgelenke eines der Beben nicht mehr abfedern können und die Skulptur zusammenbricht.

DESIGN-IKONEN – WELTBERÜHMT

Das Aufbewahrungssystem **»Componibili«** steht sowohl in New York in der ständigen Ausstellung des MoMA als auch im Centre Pompidou in Paris. Entworfen hat es 1969 die Mailänder Architektin Anna Castelli Ferrieri für die von ihrem Mann gegründete Firma Kartell. Bis heute ist das modulare System ein Verkaufsschlager des Möbelherstellers. In den 1970er-Jahren stattete Bloomingdales seine Restaurants damit aus und baute mit den Containern die New Yorker Skyline nach.

Der kleine **Fiat 500** ist eine Design-Ikone und flitzt immer noch durch die engen Gassen der italienischen Dörfer. Entworfen wurde das ursprüngliche Modell, das ab 1957 zu haben war, von Dante Giacosa. Genau 50 Jahre später kam der »neue« Fiat 500 zu den Händlern. Um die 3 Millionen Fans der »Knutschkugel« beteiligten sich an einem virtuellen Internet-Design-Labor. So entstand erstmalig in der Geschichte des Automobils ein Fahrzeug, an dessen Entwurf die Kundschaft in großem Maß beteiligt war.

Knattert eine **Vespa** um die Ecke, dann denkt man beinahe zwangsläufig an Italien. Piaggio, das Unternehmen, das die Vespa baut, war zunächst eine Möbelschreinerei, die luxuriöse Innenausstattungen für Jachten anfertigte. Im Laufe der Zeit kamen die Reparatur von Schienenfahrzeugen und der Bau von Wasserflugzeugen und Hubschraubern dazu. 1944, kurz vor Ende des Zweiten Weltkriegs, wurde Enrico Piaggio klar, dass ein Fahrzeug gebraucht werden wird, das vielen Menschen Fortbewegung ermöglicht. Die ersten, wenig zufriedenstellenden Entwürfe zu dem Motorroller überarbeitete einer seiner Ingenieure, der aus dem Flugzeugbau kam und viele Elemente davon in die Vespa einfließen ließ: Es war Corradino D'Ascanio. 1946 wurde mit dem Bau der ersten Vespa begonnen.

1933 erfand Alfonso Bialetti die Moka Express. Ab diesem Zeitpunkt konnten die Italiener ihren Espresso auch zu Hause zubereiten.

DIE ITALIENISCHE SPRACHE UND DIE »TRE CORONE DI FIRENZE«

Italienisch zählt zu den romanischen Sprachen, die sich ab dem 4. Jahrhundert n. Chr. aus dem gesprochenen Latein entwickelt haben. Im Mittelalter wurde daraus das sogenannte Vulgärlatein, auf das die italienischen Dialekte zurückgehen. Dialekt wird bis heute in Italien gesprochen, denn die sogenannte Hochsprache war bis zum Ende des 19. Jahrhunderts eine reine Schriftsprache.

Das Italienisch, das heute als Hochsprache gesprochen wird, entstand aus der Florentinischen Schriftsprache, die von den »Drei Kronen«, den »Tre corone«, also Dante Alighieri (1265–1321), Francesco Petrarca (1304–1374) und Giovanni Boccaccio (1313–1375) und ihren Hauptwerken geprägt wurde. Ihre Sprache galt als besonders ausdrucksstark und prestigeträchtig. Anders als in vielen anderen Ländern wurde in Italien der Dialekt zur Hochsprache, der als der künstlerische und literarische angesehen wurde, und nicht der aus der Region, die die politische Vormacht hatte.

Durchgesetzt hat sich diese Sprache als Amtssprache erst in der zweiten Hälfte des 20. Jahrhunderts und sie wird nur in bestimmten Situationen angewendet. Bis heute ist die Sprache stark regional eingefärbt, nicht nur im alltäglichen Umgang, sondern auch bei offiziellen Ansprachen. Wird Dialekt eingesetzt, gilt das nicht als bildungsfern, sondern der Dialekt unterstreicht die Aussagen des Redners kraftvoll. Sogar Papst Johannes Paul II. hat den römischen Dialekt in eine seiner Reden eingebunden.

TRADITIONSREICHE UNIVERSITÄTEN

Bevor Friedrich II., der Erbauer des Castel del Monte, die Universität von Neapel 1224 gründete, gab es in Salerno eine sehr gute Medizinschule, die damals in ganz Europa bekannt war. Bereits um 970 wurden dort Operationen an der Harnblase vorgenommen. Da Neapel und Salerno nur etwa 50 Kilometer auseinanderliegen, ging die Medizinschule in der Universität auf.

Die erste »richtige« Universität, an der alle damals erlaubten Wissenschaften gelehrt wurden, war aber die Università di Bologna, die bis heute von über 80 000 Studierenden besucht wird.

An der 1222 gegründeten Universität von Padua, die bis heute als herausragende Bildungseinrichtung gilt, erwarb die erste Frau in Europa ihren Doktortitel. Elena Lucrezia Cornaro Piscopia gelang das 1678 mit einem philosophischen Thema.

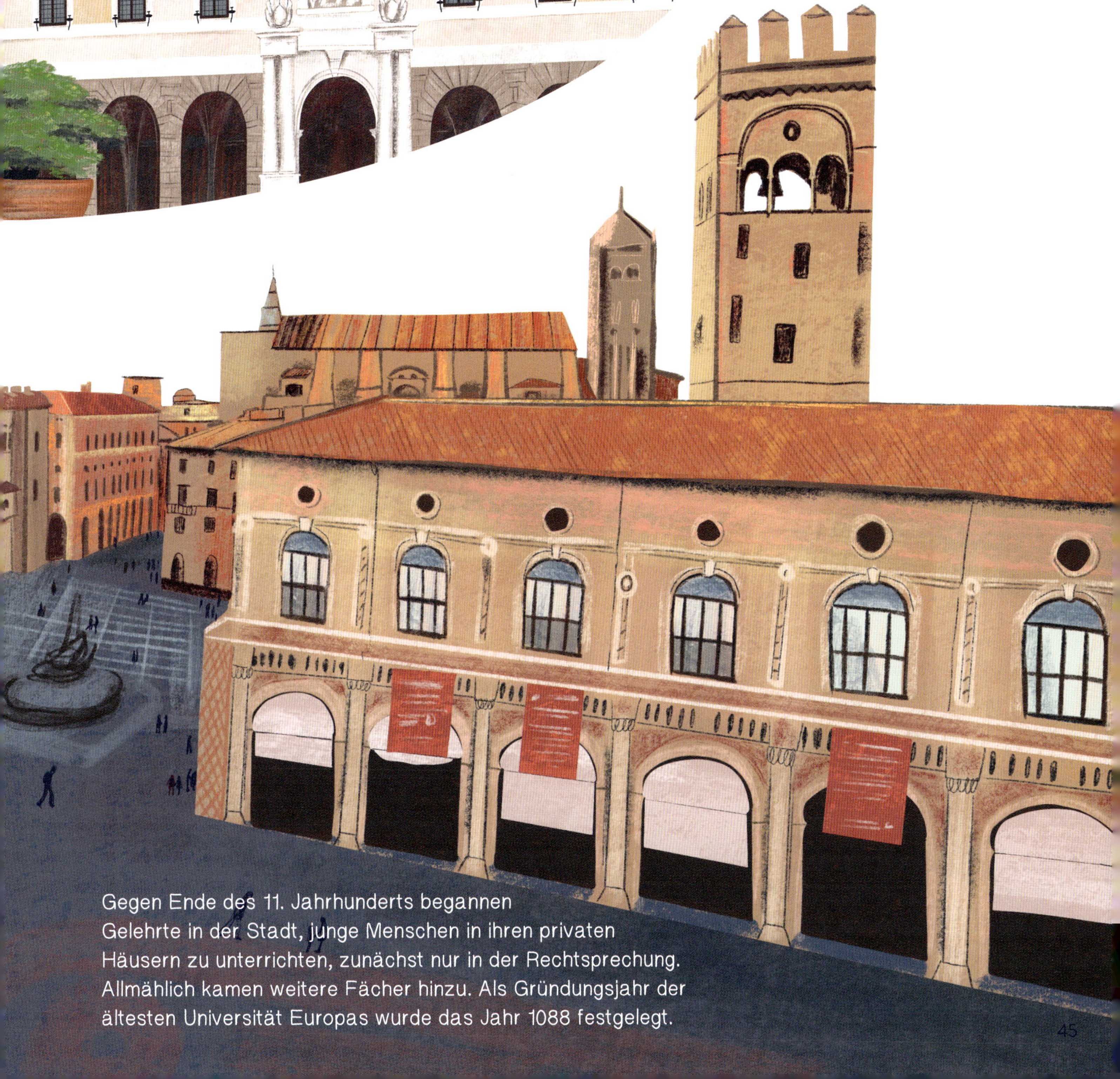

Gegen Ende des 11. Jahrhunderts begannen Gelehrte in der Stadt, junge Menschen in ihren privaten Häusern zu unterrichten, zunächst nur in der Rechtsprechung. Allmählich kamen weitere Fächer hinzu. Als Gründungsjahr der ältesten Universität Europas wurde das Jahr 1088 festgelegt.

DAS LAND – EINE SCHATZTRUHE

Immer wieder findet man in der Erde Dinge, die vor Tausenden von Jahren von Menschen irgendwo zurückgelassen wurden.

Am 8. November 2022 wurde in einem gänzlich unbekannten Dorf, am südlichen Rand der Provinz Siena, eine Pressekonferenz abgehalten: Unter den römischen Thermen hatte man dort, in San Casciano dei Bagni, 24 sensationell gut erhaltene Statuen, rituelle Gaben, Werkzeuge und Inschriften aufgespürt, die mehr als 2300 Jahre alt sind und von den Etruskern stammen. Die Etrusker hatten ihre Blütezeit von 800 bis 350 v. Chr. und lebten in einem Gebiet, das heute die Toskana, Latium und Umbrien umfasst. Die Statuen sind deshalb so gut erhalten, weil der Altar, auf dem sie standen, von einem Blitz getroffen worden war. Die Etrusker glaubten, dass Blitze eine Berührung von einer ihrer Göttinnen oder Götter waren. Alles Göttliche durfte natürlich nicht mehr mit Irdischem in Kontakt kommen und musste geschützt werden. Sie bauten eine Wanne, in der alles versiegelt wurde, und versenkten sie im Thermalwasser, das unterhalb des Ortes sprudelte. Später bauten die Römer darüber ein Kurbad. Das war von Archäologen schon länger entdeckt worden, der Schatz darunter erst Jahre später.

DIE SCHULE

In Italien ist das Schulsystem national einheitlich geregelt, das heißt, egal ob Schüler und Schülerinnen im Piemont oder in Sizilien zur Schule gehen, Lehrplan und Stoff sind gleich. Die Schulpflicht umfasst zehn Jahre. Die ersten fünf davon herrscht »grembiule«-Pflicht, alle Kinder müssen in einer weißen, dunkelblauen oder schwarzen Kittelschürze erscheinen. Eine Schulstunde dauert 50 Minuten, während des gesamten Schultags bleiben die Klassen in ihrem Raum, die Lehrer und Lehrerinnen müssen die Zimmer wechseln, deshalb gibt es wenig Gedränge auf den Fluren. Es gibt nur eine große Pause, die 10 Minuten dauert, ansonsten findet an sechs Tagen in der Woche von 8:10 bis 13:20 Uhr Unterricht statt. Nur samstags endet die Schule bereits um 12:30 Uhr. Wer sitzen bleiben möchte, sollte versuchen, immer Noten zwischen 1 und 5 zu haben – erst die Note 6 bedeutet ausreichend, damit wird man auf alle Fälle versetzt; hat man eine 10, erbringt man exzellente Leistungen. Drei Monate Sommerferien gibt es in Italien, das hört sich super an. Dafür fallen aber viele andere Ferien weg, nur Weihnachten und Ostern bekommen die Kinder noch frei. Die »großen« Ferien beginnen Mitte Juni und enden Mitte September. Viele Unternehmen schließen im August, deshalb macht beinahe ganz Italien rund um Ferragosto, also um den 15. August herum, gleichzeitig Urlaub.

Die erste Fremdsprache lernen Kinder in Italien bereits in der Grundschule, der Scuola primaria: Alle beginnen mit Englisch.

KINDERBUCHHELDEN

Pinocchio wurde von dem Journalisten und Autor Carlo Lorenzini erfunden, der unter dem Pseudonym Carlo Collodi schrieb. Der 1826 in Florenz geborene Collodi war bereits als Kinderbuchautor bekannt, als er 1881 begann, »Storia di un burattino«, »Die Geschichte einer Holzpuppe«, zu schreiben. »Pinocchio« war zunächst eine 26-teilige Fortsetzungsgeschichte in einer Kinderzeitschrift. Als Carlo Collodi mit dem Schreiben begann, hatte er noch keine Ahnung, wie die Handlung sich entwickeln würde. Bei Fortsetzungsgeschichten wartete ein Autor damals immer die Reaktion der Leser ab und änderte die Handlung je nach Bedarf. Carlo Collodi, der 1890 starb, hat den großen Erfolg seiner Geschichte nicht erlebt.

Übrigens – auch Pinocchio ist zur Schule gegangen, wobei er nicht so genau wusste, warum:

Geppetto: »Außerdem solltest du morgen zur Schule gehen.«

Pinocchio: »Wieso?«

Geppetto: »Damit du was lernst und später klug bist.«

Pinocchio: »Warum?«

Geppetto: »Darum.«

Pinocchio: »Ach so.«

BERÜHMTE STEINE

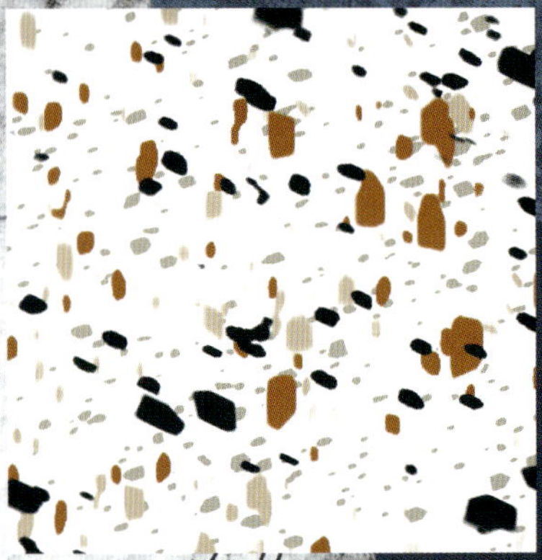

Terrazzoböden gibt es seit der Antike. In Italien waren sie immer beliebt: In öffentlichen Gebäuden, Privathäusern und in den Arkaden der norditalienischen Städte liegen Terrazzoböden. »Terrazzo« bedeutet eigentlich nichts anderes als Fußboden. Das Tolle daran ist, dass dieser Bodenbelag fugenlos ist und die Terrazzieri, die Hersteller des Bodens, Muster einlegen können. In ein Bindemittel, meist sehr heller Zement, werden Gesteins- oder Ziegelsplitter gegeben, die dem Boden seine lebendige Farbigkeit verleihen. Je mehr Menschen über den Boden laufen, desto schöner wird er: Gebrauch wirkt wie eine Politur für ihn. Läuft man barfuß darüber, fühlt er sich beinahe weich und samtig an.

Berühmt sind auch die **Marmor**brüche in den Apuanischen Alpen, von dort stammt der Carrara-Marmor, der auf der ganzen Welt wegen seiner schönen Marmorierung geschätzt wird. Bereits in der Antike wurde mit dem Abbau des Steins begonnen, später hat man ihn im Dom von Florenz oder im Petersdom verbaut und auch der David in Florenz wurde aus einem Carrara-Marmorblock erschaffen. Heute wird der Marmor als Küchenplatte oder Wandverkleidung geschätzt, oder man nutzt ihn, um den berühmten *Lardo di Colonnata* herzustellen: ein zarter weißer Speck, der in Marmorbecken reift.

Travertin ist ein Kalkstein, der ebenfalls häufig als Bodenfliese zum Einsatz kommt. Aber nicht nur: Das Colosseum in Rom ist hauptsächlich aus Travertinblöcken errichtet worden.

DIE BEKANNTESTEN GEBÄUDE

In drei Bauphasen wurde der **Schiefe Turm von Pisa** errichtet, und schon nach der ersten war er schief! Der Bau begann im Jahr 1173, Baumeister war Bonanno Pisano. Als der dritte Stock errichtet war, kippte das Gebäude ungefähr fünf Zentimeter nach Südosten aus dem Lot. 100 Jahre später nahm Giovanni di Simone die Bautätigkeit wieder auf. Die Pause war wichtig, damit sich der Boden unter dem Turm setzen konnte. Beendet hat das Bauwerk Tommaso Pisano im Jahr 1372, der Turm wuchs unter seiner Leitung auf 55,86 Meter an. Mittlerweile zählt der Turm, der im Moment 3,9 Meter von der Lotrechten abweicht, zum UNESCO-Welterbe, zusammen mit der Piazza dei Miracoli, auf der er steht.

Bevor die steinerne **Rialtobrücke** in Venedig erbaut wurde, gab es jahrhundertelang verschiedene Holzbrücken an gleicher Stelle über den Canal Grande. Über das Aussehen der steinernen Brücke herrschte Uneinigkeit in der Republik Venedig, deshalb wurde ein Architekturwettbewerb ausgerufen, den Antonio da Ponte gewann. Seine Ideen zur Konstruktion der Brücke waren so genial, dass an dem Bauwerk beinahe 400 Jahre lang keine größeren Reparaturen ausgeführt werden mussten.

Santa Maria del Fiore, der Dom in Florenz, trägt eine berühmte Kuppel, von der man lange nicht wusste, wie sie konstruiert worden war. Ihr Erbauer war kein Architekt, sondern Goldschmied: Filippo Brunelleschi. Und er hatte, kaum hatte der Bau begonnen, mit noch größeren Problemen zu kämpfen als damit, wie man eine Kuppel über einer Öffnung von 45 Metern Durchmesser auf Mauern in 55 Metern Höhe erbaut. Er musste sich auch darum kümmern, wie das Baumaterial sicher auf diese Höhe gehievt werden konnte. Zu diesem Zweck erfand er einen Lastenaufzug, der sogar eine Kupplungsvorrichtung hatte, sodass die Ochsen, die ihn antrieben, nicht umgespannt werden mussten, egal ob der Aufzug nach oben oder unten fuhr. 1436 wurde der Dom eingeweiht, 1446 starb Brunelleschi. Er wurde in der Krypta unter seinem Meisterwerk beerdigt.

DIE OPER

Der Italiener Claudio Monteverdi gilt als Erfinder der Oper. Im Februar 1607 wurde in Mantua seine »Favola in Musica« mit dem Titel »L´Orfeo« aufgeführt. Das war die Geburtsstunde der Oper und sie hat in über 400 Jahren wenig von ihrer Faszination verloren.
Wahrscheinlich ist es kein Zufall, dass der Held der ersten Oper Orfeo, also Orpheus, ist. Denn Orpheus, eine Figur aus der griechischen Mythologie, ist selbst Musiker. Mit seinem Gesang, so heißt es, kann er selbst die wildesten Tiere zähmen. Der Halbgott liebt Eurydike abgöttisch, die von einer Schlange gebissen wird und an den Folgen des giftigen Bisses stirbt. Orpheus folgt seiner Geliebten in die Unterwelt. Pluto, der Herrscher über das Totenreich, erlaubt ihm, Eurydike wieder mitzunehmen. Orpheus darf sich bei dem Aufstieg aus der Unterwelt nur nicht nach ihr umdrehen, sonst muss sie für immer im Reich der Toten bleiben. Natürlich tut er es trotzdem und Eurydike ist verloren. Am Ende dieser tragischen Geschichte kann auch die Musik dem Helden nicht helfen, dafür hat sie die Zuhörer in ihren Bann gezogen.

In Palermo auf Sizilien steht eines der berühmtesten Opernhäuser Europas: das Teatro Massimo. Es bietet über 1300 Zuhörern Platz in einem Raum, der für seine hervorragende Akustik bekannt ist und das Teatro zum drittgrößten Opernhaus in Europa macht.

DAS ITALIENISCHE ZUHAUSE

Die Fenster geschlossen und die Fassaden oft ein bisschen abweisend, so sehen viele italienische Häuser aus. Öffnen sich die Türen oder Tore, kommen oft Überraschungen zum Vorschein: Man betritt durch das Tor einen üppigen Garten und hinter der historischen Fassade versteckt sich ein komplett saniertes und mit modernen Details ausgestattetes Mehrfamilienhaus.
Die geschlossenen Fensterläden sollen nicht den Blick ins Innere des Hauses verwehren, sie halten die Hitze, die sich in den engen Straßen und Dorfgassen staut, ab, und sie verhindern, dass Gardinen, Teppiche und Möbel ausbleichen unter den starken Sonnenstrahlen. Teppichböden gibt es im Land so gut wie keine, Italiener lieben Naturstein- oder Fliesenböden. Diese Böden bleiben im Sommer schön kühl und speichern im Winter Wärme. Sie lassen sich wesentlich besser reinigen und halten deutlich länger als Teppichboden. Naturstein ist in den meisten Regionen vorhanden, und gerade in Norditalien werden besonders schöne und gut gefertigte Fliesen hergestellt. Das Material ist also immer regional.

Die Pinienzapfen aus Keramik, die vor vielen italienischen Haustüren stehen, stammen ursprünglich aus Sizilien und sollen Glück bringen. In Apulien gibt es den Pumo, der eine aufgehende Knospe symbolisiert, die für einen guten Neuanfang steht.

PASTA

Über 300 Pastasorten gibt es in Italien, regional ganz unterschiedliche. Auch die Soßen unterscheiden sich. Doch das Wichtigste überhaupt ist die Kombination von Pasta und Soße. Wer denkt, man kann alles miteinander kombinieren, liegt total falsch, das beginnt schon bei der einfachen Tomatensoße: Natürlich passen Spaghetti dazu. Als weitere industriell gefertigte Pasta können noch Penne oder Rigatoni dazu serviert werden, mehr Sorten allerdings nicht.

Mezze Maniche Rigate
Orecchiette
Garganelli
Gnocchi
Pennoni Lisci
Pipe Rigate
Conchiglie Rigate
Fisarmoniche
Casarecce
Spaghetti
Sedani Rigati
Rigatoni
Ricciutelle
Maltagliati
Ruote
Farfalle
Spighe

OBST UND GEMÜSE

Egal ob Markthalle oder Straßenstände, schnell wird in Italien klar, dass die Küche ohne frisches Obst und Gemüse nicht denkbar ist. Viele klassische Gerichte sind vegetarisch, das ist aber so selbstverständlich, dass darüber nicht gesprochen wird. Zu den Gerichten zählen Parmigiana, Minestrone, Gnocchi, Pasta e fagioli ...
Es wird vieles angeboten, das im deutschsprachigen Raum wenig oder gar nicht bekannt ist. Auf Sizilien bereitet man eine Pasta mit den zarten Blättern der Kürbisranken zu, es gibt Zucchini, die beinahe eineinhalb Meter lang werden und wie riesige Gurken aussehen, wilden Fenchel, der keine Knollen bildet und ähnlich wie Dill als Gewürz in Gerichten verwendet wird, oder Chicorée, der nicht als Salat, sondern in Öl gebraten als Gemüse serviert wird. Die Küche setzt auf frische regionale Zutaten und es wird immer möglichst viel einer Gemüsepflanze verwendet.

Fico d´India, die Kaktusfeige, ist eine köstliche Frucht, die im Süden häufig zum Frühstück gegessen wird. Man kann sie überall an den Straßen- und Feldrändern ernten, muss nur beim Schälen sehr aufpassen, dass man nicht die Stacheln in den Fingern stecken hat. Melone mit Schinken oder die Senffrüchte, die im Norden zu Käse gegessen werden, zeigen, dass Obst auch häufig in »salzigen« Varianten eingesetzt wird.

Wichtig ist in der italienischen Küche immer: Die Produkte müssen frisch sein und aus der Region stammen!

LIEBE GEHT DURCH DEN MAGEN

In Italien spielt Essen eine enorm wichtige Rolle: »Mangiare« ist mehr als Nahrungsaufnahme, man setzt sich leidenschaftlich mit der eigenen Kultur und Geschichte auseinander. Die italienische Küche ist keine »bäuerliche Küche«, auch wenn die Werbung uns das glauben machen möchte, sie ist eine städtische Küche. 1851 schrieb Pellegrino Artusi eines der einflussreichsten italienischen Kochbücher.
Sein deutscher Titel lautet: »Von der Wissenschaft des Kochens und der Kunst des Genießens«. Artusi, eigentlich ein Gemischtwarenhändler, schreibt darin: »Nicht nur sind in großen Städten alle möglichen feinen Zutaten reichlicher vorhanden. Dort gibt es Menschen, deren Aufgabe es ist, andere mit den kleinen Dingen zu versorgen, die für sich genommen kaum wichtig sind, die einem [guten Koch] aber ein abwechslungsreiches, elegantes und präzises Handwerk ermöglichen.«

Was Artusi mit den »kleinen Dingen« meint, zeigt sich bei einem Gericht wie »Cacio e Pepe«. Drei Zutaten hat das Gericht: Pecorino, Pfeffer und Pasta. Wie reif der Käse ist und wo er reifen durfte, bestimmt unterschiedliche Geschmackserlebnisse. Deshalb sind in der italienischen Küche die einzelnen Zutaten so wichtig, deshalb ist sie bis heute so beliebt, und deshalb schmecken die Gerichte, wenn sie außerhalb des Landes zubereitet werden, nur halb so gut!

DIE WEISSEN RIESEN

Sie sind riesig, porzellanweiß und ihre Wimpern und Schwanzspitzen sind schwarz. Die Rede ist von den Chianina-Rindern, die ursprünglich aus dem Val di Chiana stammen. Das Tal liegt an der Grenze zwischen Umbrien und der Toskana und ist benannt nach dem gleichnamigen Fluss. Bevor der Chiana kanalisiert wurde, trat er immer wieder über die Ufer, sodass sich ein besonders fruchtbares Schwemmland ausbildete. Dies diente den »weißen Riesen« als Weideland. Die Chianina-Rinder sind eine uralte Rinderrasse, die schon von den Etruskern gehalten wurde. Betrachtet man die Tiere mit ihren weit ausladenden Hörnern heute, dann erinnern sie an Tiere aus antiken Darstellungen.

Die Rasse gilt als die größte Rinderrasse der Welt. Ihre Kälbchen werden mit einem rötlichen Fell geboren und färben sich in einem Alter von ca. zwei Monaten um. Dank einiger mutiger Züchter hat diese uralte Rasse überlebt und ist nicht gefährdet. Das mag aber auch damit zusammenhängen, dass sie das Fleisch für eine typisch toskanische Spezialität liefert: das Bistecca alla fiorentina. Es ist ein riesiges T-Bone-Steak, das nur kurz gegrillt und dann mit Olivenöl, Meersalz und Pfeffer verspeist wird – und es ist ein italienisches Nationalheiligtum. Als durch eine EU-Verordnung im Jahr 2001 verboten wurde, eine Bistecca mit Knochen zuzubereiten, an dem noch ein Teil des Rückenmarks hängt, wurde ein riesiges Abschiedsfest gefeiert, bei dem eine Bistecca zu Grabe getragen wurde.

GIGANTISCHE KARNEVALSWAGEN

Den Karneval in Venedig mit seinen fantastischen Masken und Kostümen kennt man. Dass in Italien aber auch gigantische und angeblich die weltweit größten Karnevalswagen gebaut werden, ist eher unbekannt. Vor über 150 Jahren, im Februar 1873, hatten ein paar verwegene junge Menschen die Idee, einen Faschingsumzug in Viareggio zu organisieren. Daraus entwickelte sich ein Spektakel, das heute landesweit im italienischen Fernsehen übertragen wird, so wie z.B. der Kölner Karneval in Deutschland.

Bis in die 1920er-Jahre wurden die Wägen aus Jute und Holz gebaut, ab 1925 kam mit dem Pappmachee die Möglichkeit auf, gigantische, beinahe haushohe Figuren zu bauen, die dank verschiedener Bewegungsmechanismen im Inneren wie lebendig wirken. Viele Familien in Viareggio arbeiten ab dem Sommer bis zum Februar an den Figuren. Wer in Viareggio aufwächst, hat »Konfetti im Blut«. Seit 1921 wirbt eine offizielle Zeitschrift »Viareggio in Maschera« für das Ereignis, das jährlich Hunderttausende anzieht.

»Burlamacco« heißt die offizielle Figur des Karnevals, die am ehesten an einen Clown erinnert. Entworfen wurde »Burlamacco«, der heute auch die Symbolfigur für Viareggio ist, 1930 von dem futuristischen Maler Umberto Bonetti.

MEHR ALS EINE SPRACHE

In Italien werden verschiedene Sprachen gesprochen: Deutsch, Griechisch, Ladinisch, Französisch und Slowenisch. Diese Sprachinseln haben sich erhalten und sie gelten in den jeweiligen Regionen meist als zweite Amtssprache.

GRIECHISCH

Zwischen 800 und 500 v. Chr. waren Griechen und Griechinnen in ihrer Heimat in einigen Landstrichen gezwungen, ihr Land zu verlassen, wahrscheinlich war Nahrungsknappheit die Ursache. Sie siedelten sich im Salento, also im südlichsten Teil Apuliens, an der Kalabrischen Küste und im Aspromonte, einem Gebirgszug in der Mitte der Stiefelspitze, an. Beinahe 2000 Jahre wurde dort Griko gesprochen, eine Abwandlung des Altgriechischen, die heute von Griechen und Griechinnen kaum mehr verstanden wird. Auch wenn die Kinder in diesen Regionen heute Lieder und Gedichte auf Griko lernen, ist diese Sprache vom Aussterben bedroht.

LADINISCH

Südtirol ist ein dreisprachiges Land, neben Deutsch und Italienisch wird dort auch Ladinisch gesprochen, das auch als Behördensprache anerkannt ist. Ca. 30 000 Menschen haben Ladinisch als Muttersprache, sie sind damit in Europa die kleinste Sprachgruppe. Die Sprache ist uralt und entwickelte sich im 1. Jahrhundert n. Chr. Damals war sie im Alpenraum die am weitesten verbreitete Sprache. Heute wird sie noch im Grödner-, im Gader- und im Fassatal gesprochen und in Teilen der Provinz Belluno.

FRANZÖSISCH

Das Aostatal, Valle d´Aosta, ist eine autonome Region, die im Dreiländereck Italien, Frankreich, Schweiz liegt. In einer solchen Region kann neben dem Italienischen eine weitere Sprache als Amtssprache ausgewiesen werden: Das ist in diesem Fall Französisch. In der Schule werden beiden Sprachen gleich viele Unterrichtsstunden gewidmet. Da Französisch nicht eingesetzt wird, um Fächer wie Biologie, Erdkunde o. Ä. zu unterrichten, lernen es die Schüler wie eine Fremdsprache. Das wird als einer der Gründe angesehen, warum immer weniger Menschen im Tal wirklich zweisprachig sind. Italienisch dominiert im Aostatal als gesprochene und als Amtssprache.

SLOWENISCH

Etwa seit dem 6. Jahrhundert gibt es Slowenen und Sloweninnen auf italienischem Boden. Slowenische, österreichische und italienische Menschen lebten im Dreiländereck im Nordosten des Landes immer friedlich zusammen – bis zum Beginn des Nationalsozialismus. Unter Mussolini wurden die Slawen zur »Gefahr«, in der Öffentlichkeit durfte nicht mehr Slowenisch gesprochen werden, slowenische Schulen wurden geschlossen, Aufschriften entfernt. In der Folge wanderten viele von ihnen aus. Heute leben ca. 80 000 Slowenen und Sloweninnen in der Region Friaul-Julisch Venetien, deren Rechte durch Abkommen gesichert werden.

SPRICHWÖRTER

Anche i pesci del re hanno spine.
Auch die Fische des Königs haben Gräten.

Amare e non essere amati è tempo perso.
Zu lieben und nicht geliebt zu werden, ist Zeitverschwendung.

Gli amici veri sono come meloni, di cento ne trovi due buoni.
Wahre Freunde sind wie Melonen, unter hundert [Menschen] findet man nur zwei gute.

La notte porta consiglio.
Die Nacht bringt Rat.

Le teste di legno fanno sempre chiasso.
Holzköpfe machen immer Lärm.

Occhio non vede, cuore non duole.
Was das Auge nicht sieht, tut dem Herzen nicht weh.

Il rumore non fa bene, il bene non fa rumore.
Lärm tut nicht gut, das Gute macht keinen Lärm.

Vale più un amico nella sfortuna che cento amici nella fortuna.
Ein Freund im Unglück ist mehr wert als hundert im Glück.

PASSEGGIATA – TYPISCH ITALIENISCH

Die Passeggiataist das typische Abendritual der Italiener, auf dem Land und in der Stadt. Sobald es etwas kühler wird, ab ca. fünf Uhr nachmittags, kann man es beobachten: Alt und Jung schlendern über die Haupteinkaufsstraßen im Stadtzentrum, über die Promenade am Meer oder setzen sich an die wichtigen Plätze der Stadt oder des Dorfes. Man zieht sich für dieses Herumschlendern extra noch einmal chic an und legt die Kleidung, die man tagsüber getragen hat, ab.

Man zeigt sich mit seiner neuen Liebe oder den Kindern, man geht mit der gesamten Familie spazieren oder alleine. Alle Altersgruppen nehmen daran teil, die Älteren sitzen auf den Bänken und beobachten das Schauspiel. Kommen Bekannte vorbei, dann setzen sie sich zu ihnen, man hält einen Plausch, erfährt Neues. Die Passeggiata verbindet und verhindert Einsamkeit, sie dient dem Austausch von Neuigkeiten. Zufallsbegegnungen gehen gemeinsam ein Eis essen oder trinken einen Aperitivo, ein Getränk, zu dem Kleinigkeiten zu essen gereicht werden. Die Passeggiata ist ein Ausdruck des »dolce vita«, des süßen Lebens, das für die Italiener immer auch der Austausch mit anderen ist.

WINTERPARADIES

An Wintersport denkt man nicht sofort, wenn man an Italien denkt. Doch der Wintersport hat Tradition, auch der Skisport. Eine charismatische Legende ist Alberto Tomba, der Mitte der 1990er-Jahre den Weltcup gewann und diverse weitere Titel errang – ebenso wie die erfolgreiche Skirennläuferin Deborah Compagnoni.

Gröden, Alta Badia, Madonna di Campiglio, Bormio: Das sind schöne und anspruchsvolle Skigebiete mit tollem Panorama und den besten Möglichkeiten für internationale Wettbewerbe. Nach Cortina und Turin werden im Jahr 2026 zum dritten Mal Olympische und Paralympische Winterspiele in Italien ausgetragen: Das Land freut sich auf »Milano Cortina 2026«, denn in Mailand und Cortina d`Ampezzo werden die Spiele stattfinden.
Ein besonderes Erlebnis im Winter sind die vielen Thermalquellen, die in Kalabrien, auf Ischia, in der Toskana, in Latium und in Bormio sprudeln. In dem Skiort Bormio kann man nach dem Tag auf der Piste in das 35 bis 40 Grad warme Wasser springen, das entspannt, entgiftet und gegen Allergien hilft. Die Quellen in Bormio wurden schon im 1. Jahrhundert v. Chr. von den Römern genutzt.

BILDER GEHEN UM DIE WELT

»Die Geburt der Venus« von Sandro Botticelli, die »Dame mit Hermelin« von Leonardo da Vinci oder »Die Erschaffung Adams« von Michelangelo Buonarroti – alle diese Bilder sind Ikonen und werden auf Taschen, Bechern, Radiergummis und vielem mehr reproduziert. Weil das so ist, hat der italienische Staat im Jahr 2004 einen Gesetzeskodex erlassen, der diese Bilder weit über das normale Urheberrecht hinaus schützt. Die Produkte, auf denen die Bilder zu finden sind, sind teilweise sehr kitschig, was der Staat nicht verhindern kann. Was er aber verhindern kann, ist, an den Reproduktionen nicht mitzuverdienen. Wie viel es kostet, ein T-Shirt oder Mousepad mit einem Bild zu bedrucken, das darf die Institution festlegen, in der das jeweilige Kunstwerk ausgestellt wird. Ein bekannter französischer Modemacher, der »Die Geburt der Venus« von Botticelli auf Tops, Kleider, Hosen und Schals drucken ließ, wurde prompt von den Uffizien auf einen Betrag im sechsstelligen Bereich verklagt, weil er nicht nach den Rechten eines Bildes gefragt hatte, das zwischen 1485 und 1486 entstanden ist – also vor mehr als 500 Jahren!

© privat

© Martin Hangen

Mayya Sultan ist Illustratorin und Grafikdesignerin und lebt in München. Sie wurde in Aserbaidschan geboren und besuchte nach ihrem Abschluss als Mathematikerin die Kunsthochschule, die zu einer Karriere im Bereich Design und Werbung führte. Seit 2017 lebt sie mit ihrer Familie in Deutschland und arbeitet freiberuflich. Sie erschafft Bilder, Logos und Illustrationen und arbeitet in ihrer Freizeit auch mit traditionellen Materialien wie Acryl, Öl und Aquarell. Seit sie die Illustrationen für das Italien-Buch gemacht hat, liebt sie dieses europäische Land und seine Leute ganz besonders.

Annette Maas liebt Italien. Jedes Jahr geht sie dorthin auf Entdeckungstour, weil keine Region der anderen gleicht. Jede hat ihre speziellen Gerichte hervorgebracht und einen ganz eigenen Dialekt, in den man sich erst einhören muss. Die Landschaften sind ganz unterschiedlich, vom Hochgebirge bis zu den weiten Stränden im Süden. In den touristischen Städten, wie Venedig oder Rom, gibt es immer noch stille Plätze und ursprüngliche Lokale, die nicht die Massen anziehen. Italien ist so vielfältig und steckt voller Kulturschätze, sodass es auch in den nächsten Jahren für sie noch viel zu entdecken geben wird.

Illustrationen: Mayya Sultan
Text: Annette Maas
Beratung: Dr. Gabriella Caiazza

ISBN 978-3-8458-5541-7

www.arsedition.de

Du möchtest noch mehr von uns kennenlernen?

MIX
Papier | Fördert gute Waldnutzung
FSC® C002795